COMENTARIO ***LINGÜISTICO*** SOBRE EL FUTURO DE LA COMUNICACIÓN.

INDICE DE TEMAS:

PRÓLOGO.

La ***lingüística aplicada*** analiza el fenómeno de la ***comunicación*** en general, usando principalmente tres ejes que son***; la semántica (el significado), la sintáctica (la gramática) y la pragmática (el contexto del mensaje),*** con estas herramientas profundizamos de forma seria sobre nuestro ***idioma nativo***, y nos permite también compararlo con otras ***lenguas vivas o muertas***.

También es parte de la Lingüística aplicada el proceso histórico y evolutivo de las lenguas, este análisis nos permite darnos cuenta como toman lugar los indistintos cambios en los ***lenguajes humanos*** y como estos cambios moldean y afectan el pensamiento y la psique de los ***hablantes*** o usuarios de un ***lenguaje mímico*** por ejemplo.

Por esta razón la comunicación genera la realidad de una sociedad, por ejemplo: el idioma persa o el egipcio ordenó y creó la realidad de estas sociedades antiguas, generando su tecnología, su ***literatura***, su arte y en definitiva su mundo. Hoy en día manejamos otros idiomas y lenguajes que generan el mundo actual que nos rodea y conocemos.

Entonces la comunicación nos sumerge en un ***marasmo sígnico*** dinámico y en movimiento que nos exige preguntarnos a todos y principalmente a lingüistas ¿en que puede y debe derivar la comunicación futura de los humanos? Algo que es claro; es que debería ser una comunicación más potente, que genere una realidad diferente a la actual y claro también genere nuevos problemas.

- **Capítulo 1**

ANÁLISIS INTRODUCTOR A LA LINGÜÍSTICA APLICADA

La ***palabra*** contiene un significado al 100 % por ejemplo: femenino, fémina, femíneo. En este ejemplo el morfema "FEM" es el ***morfema grano*** que contiene el significado al 100% y los ***sufijos*** de este ejemplo son los morfemas "enino" de femenino, "ina" de fémina, "íneo" de femíneo, respectivamente, estos forman ***semantemas*** que son indispensables para describir con precisión y claridad cada ***contexto*** en las ***oraciones,*** y que estas tengan sentido, por ejemplo: "De género femenino", "Carla es una fémina hermosa", "la escultura tiene un rasgo femíneo".Esto es importante porque las persona suelen considerar solo su propia ***definición*** e imagen mental de las palabras que conocen y no toman en cuenta el significado al 100% de las palabras en sí, lo que es comprensible, ya que resulta imposible pensar en todos los contextos que podría tener una palabra, pero es importante pensar por lo menos en varios contestos para ampliar la imagen mental que tenemos de cada palabra, lo que los lingüistas llamamos ***"significado"*** y las ***letras*** que componen la palabra en sí, es lo que llamamos ***"significante".*** Muchas personas atrofian la imagen mental de palabras y esto podría generarles varias psicopatías como por ejemplo una fobia, supongamos que una persona tiene una fobia incontrolable a las arañas.

Imagen uno (araña de Fabergé) - Imagen dos (araña normal) - Imagen tres (araña de fobia) respectivamente

La persona con la fobia en su mente solo ve la imagen tres y no toma en cuenta las demás imágenes mentales que puede tener esta palabra, y esto es de suma importancia, no solo para que un psicólogo resuelva la fobia de alguien, sino que también es importante comprender de este aspecto que; esto limita y degenera la comunicación, no solo en un individuo, pues también puede afectar a una sociedad en su forma de ver el mundo (ejemplo; en la tradición de un pueblo, en una fecha específica matan a todas las culebras y serpientes de su territorio, ya que estos reptiles solo tienen, para este pueblo, una ***connotación*** negativa). Por otro lado, para ampliar la perspectiva de una imagen mental y el acervo lingüístico de una persona puede también aplicar el ***análisis contrastivo*** con otras lenguas, un patético ejemplo al respeto es; "belong" que significa en español "pertenecer" que no es una palabra compuesta como "belong" que está compuesta, valga la redundancia, de "be" (estar) y "long" (a lo largo de) entonces en ingles "permanecer" es "estar a lo largo de" mientras que en español "permanecer" tiene más que ver con "inmutabilidad". Esto no pasa solo en una u otra palabra, también en la estructura misma de un lenguaje por ejemplo; en la oración "how old are you?" que en español se genera diciendo "¿Cuántos años tienes tú?" pero si traducimos literalmente la pregunta del español al inglés seria " how many year do you have?" oración que es incorrecta, no gramaticalmente pero está mal porque ningún inglés hablante generaría esta pregunta ya que "have" como verbo "tener" en inglés, se usa solo para "tener en la manos" y como no podemos tener la edad en la manos es una pregunta rotundamente mal hecha, de igual manera si traducimos de forma literal la oración del inglés al español tendríamos "¿cuán viejo eres tú?" y aunque gramaticalmente es correcta, ningún hispano hablante pregunta así la edad de alguien. Por eso podemos decir que el lenguaje que manejamos nos inocula una forma de pensar y por ende una forma de ver el mundo, la realidad. A de más; analizar varios contextos, saber otros idiomas y el nuestro propio a profundidad, amplia la manera en que pensamos y generamos comunicación, conjuntamente podemos decir que conocer otros idiomas y lenguajes le dotan al aprendiz de una habilidad fonética (generación de sonidos humanos) más amplia, y una habilidad más aguda al abordar diferentes problemas, recordemos que los humanos nos relacionamos con el exterior gracias a; el cerebro, gracias a nuestros sentidos, gracias a nuestra razón que interpreta nuestro mundo para nosotros, e influyen en el proceso; nuestro idioma, nuestro lenguaje, nuestra cultura, nuestro linaje o incluso las relaciones sociales que nos rodean, y desde todos los niveles existen aberraciones que degeneran la comunicación y gracias a la cultura nociva que existe en el mundo se reproducen y se normalizan. Cabe recalcar que aunque estas aberraciones parecen no tener nada que ver con: cómo la cultura dañina vigente en el mundo afecta a la comunicación, por supuesto tienen que ver con ella y como consecuencia estas aberraciones hacen mella en nuestras sociedades decadentes, porque también es un mejor tipo de comunicación. Si, por ejemplo, un individuo del primer mundo, no habla de manera despectiva, irrespetuosa y con prejuicios sobre una persona del tercer mundo. Porque también es otro tipo de comunicación si, por ejemplo, en USA crean un gentilicio en relación a su país y de esta forma no menosprecian o niegan a todos los centroamericanos y sudamericanos que son invisibles y desacreditados gracias a este sutil taque. Porque también es otro tipo de comunicación si todos discutimos en igualdad de condiciones y oportunidades. Porque hablamos de otro tipo de comunicación si sobrepasamos la relación de poder más descarada que es: "Del tolerante y el tolerado". Hay que dejar claro que el camino hacia una lengua diferente y con el poder de generar otra realidad, solo se puede dar en una sociedad inteligente, donde sus hablantes desborden su nivel léxico y empujen su propia lengua hacia el límite de significados que derivan en una nueva comunicación, porque solo con un conocimiento profundo de tu propio idioma puedes generar oraciones nuevas, inéditas e importantes en tu propio idioma y luego en lenguas extranjeras que son necesarias para; traducir, comparar, expandir e interpretar definiciones. Y todos estos estudios rigurosos vigorizan y ayudan al lenguaje a partir del cual se generan estos análisis, ya que llegar a una nueva comunicación no implica deshacernos de los lenguajes maternos de hoy en día, pero si implica fortalecer los idiomas con especialistas en diferentes campos que generen ideas nuevas desde sus lenguajes nativos.

- **Capítulo 2**

LA CULTURA NOCIVA AFECTA EL FUTURO DE LA COMUNICACIÓN

Cada individuo se ve estancado y limitado a su fraccionado ***nivel léxico*** (nivel léxico militar, nivel léxico médico, nivel léxico científico, nivel léxico ordinario, etc, etc.…) y esto no ha cambiado desde hace siglos, quizás incluso hace miles de años, y como resultado se notan las degeneraciones que continúan reproduciendo los mismos problemas que hemos tenido a lo largo de nuestra historia como humanidad: psicópatas, asesinos, dementes, pobres incapaces, ricos indolentes, elites abusivas, ignorantes atrevidos… esta decadencia tiene todo que ver con esa cultura perjudicial que reproduce esto cada vez de forma más dañina, y esto pasa por que las personas enredan significados altruistas y positivos con otros significados negativos, decadentes y degenerados, lo que nos retrasa a todos como humanidad. Un gran ejemplo de esto es la "identidad" rasgo indispensable para cada individuo (se ha comprobado hasta el cansancio que; una persona se ve seriamente afectada en su identidad al no conocer su padre, o madre, o su lugar de origen, y se ve instado a conocerlo o conocerla, para crear en si una identidad que; claro lo hace idéntico a eso con lo que se identifica, valga la redundancia, y desde ahí construye una individualidad saludable para así mismo, para llegar a sentirse original, único). Por esta razón, mesclar la identidad, que es un concepto positivo, con conceptos perniciosos como; regionalismo, racismo, xenofobia, chovinismo, tradiciones perversas, es cuando la decadencia se hace presente, y aunque desde los griegos sabemos que ***las palabras tienen una dualidad inherente***, con su ***antónimo*** para cada ***sinónimo***, y que no es bueno ningún extremo, más bien lo sabio es la ecuanimidad, el equilibrio, mas no aplicamos nada de esto, no le damos la importancia justa, ni meditamos este conocimiento. Por otro lado, un aspecto a tomar en cuenta de la cultura nociva es identificar ***los problemas de fondo y de forma***, y un gran ejemplo de esto es la Geopolítica injusta aplicada en el mundo, y el problema es que se le da demasiada importancia a algo que solo reproduce la decadencia, pero resulta imposible de esquivar ya que se ha convertido en un mal necesario para todos los países. En este ejemplo puede ver el problema de fondo “la geopolítica injusta” y las formas que lo generan que son: las formas de gobernar, por ejemplo, otras formas en este sentido son los burócratas sin poder de decisión alguna, también las formas de chovinismo: en las instituciones, en las religiones, en las banderas, en las fronteras. Todas estas formas reproducen la cultura nociva pero el problema de fondo es la geopolítica que se profesa como indispensable por que explica que; la comprobada naturaleza violenta de los humanos, evidenciada a lo largo de nuestra historia, nos exige un cuerpo policial más grande que el cuerpo docente de una nación, nos exige un ejército desmesurado, nos exige guerra, nos exige países de materia prima barata para que hayan países que produzcan valor agregado carísimo, nos exige países de tercer mundo para que hayan otros de primer mundo, nos exigen sociedades ignorantes para que haya elitismo intemperante. Y aunque parezca indispensable la geopolítica injusta, no lo es, pero mientras el sistema ayude a sostener el sistema, pisoteando a la mayoría de personas, razonables, pacíficas, respetuosas. Mientras esto ocurra no acabara la involuta sociedad que nos exige la geopolítica injusta de la actualidad que afecta a la comunicación directamente, porque además de todo, exige una educación deficiente.

Entonces, para aclarar como la cultura nociva afecta directamente al futuro de la comunicación humana, es evidente que lo más importante para desbordar su nivel léxico, es la educación. Lo más importante es que los usuarios de un lenguaje aborden, con pasión y técnica, indistintas materias de fondo, indistintos problemas sustanciales que estimulen a las sociedades hacia una comunicación universal más generadora y pujante, que a los humanos nos permita desarrollar los temas más innovadores o resolver nuestros problemas más clásicos como sociedad.

- Capítulo 3

DEL FUTURO DE LA COMUNICACIÓN.

"hay quienes piensan que todo pasado fue mejor, mas no es así (EDUARDO PUNSSET)"

La gente tiene una habilidad innata para vaticinar, y para recalcar esta habilidad humana, comento dos ejemplos experimentados de primera mano; el primero trata sobre una superstición muy vívida para mi madre, quien conoció esta cábala de su padre y él, a su vez la conoció de su abuela, la superstición de la que hablo dice: "si sueñas que se te caen los dientes, pronto alguien que conoces morirá" nunca le di importancia a esto hasta que me ocurrió y fue un hecho triste e impactante para mí. El segundo ejemplo es que mi padre le envió una carta de amor a mi madre diciéndole que; ella estaba embarazada de una niña y que lo supo de un sueño, antes que mi madre lo supiera, luego de la carta, mi madre consulto con su doctor y verificaron que era cierto, después de nueve meses nació mi hermana. Entonces es debido a esa ***inteligencia colectiva*** que podemos decir que: la habilidad humana actual para **generar comunicación** es tan primitiva que no toma en cuenta los ejemplos anteriores, ni un sin número de temas más que podrían explotarse para una comunicación más eficiente y en fin otra comunicación. Imaginé un idioma que no esté limitado por la estructura gramatical lineal (***pasado, presente, futuro***), y haga del vaticinio una herramienta tan potente como para existir de forma atemporal, sabiendo el principio y fin de su existencia, para quienes dominen este conocimiento, imagine este estadio humano pero comprenda también que lo más importante es el proceso para llegar a esa comunicación, ya que para llegar, sin duda, hay que atacar el racismo por ejemplo, o la guerra social entre ricos y pobres. Esos serían algunos pasos importantes que demos para comenzar a hablar de otro tipo de comunicación en el planeta y aunque la sociedad actual está a muchos siglos, diría yo, de una comunicación de este tipo, podemos soñar, y también hacer algo al respecto, imagine una ciudad llena de lingüistas, ejerciendo como ejecutivos de ventas para las mejores empresas, ejerciendo como traductores e intérpretes de los temas más delicados e importantes, ejerciendo como lingüistas detrás de escena en; cine, TV, radio o prensa escrita. Ejerciendo como consultores políticos y académicos, ejerciendo como críticos literarios o escritores, ejerciendo como expertos en lenguas muertas o desconocidas, ejerciendo como peritos o divulgadores, ejerciendo como profesores, ejerciendo como verdaderos lingüistas, ejerciendo como científicos.

- **Capítulo 4**

RECOMENDACIONES Y CONCLUCIONES:

RECOMENDACIONES

"Si va a hablar mal de alguien mejor no hable (PROVERVIO CHINO)"

- Reivindicar a la "Lingüística aplicada" como protagonista en la realidad aboral del país ya que con el conocimiento masivo de esta ciencia todos podrán desbordar su nivel léxico sin importar su especialidad.
- La segunda recomendación es acerca de identificar los problemas de sustancia no de forma ejercitando esto combinado con ***programación neuro-lingüística*** podríamos hacer un factor común en todo el mundo, y en unos siglos, volcando un colosal esfuerzo en ello,

seria parte de la cultura humana, hablar de forma asertiva, altruista y eficiente.

- La siguiente recomendación es ***universalizar*** estos temas y darles su debida importancia y claro, identificar que no permite este cambio.

CONCLUSIONES

- Primeramente concluimos que el nivel léxico lingüístico abarca o traviesa todos los temas y materias incluyendo el problema del lenguaje en sí. Porque el lenguaje no solo se explica a sí mismo, sino que también con el lenguaje explicamos todo lo que entendemos.
- Dirigirse hacia una nueva comunicación exige acabar con problemas de fondo, por ejemplo; con la geopolítica injusta de la actualidad, con su hegemonía económica y cultural, para dar paso a una universalidad más humana, sin corrupción y con otro lenguaje.

- Sostener la esperanza de que la juventud note estas deficiencias y exija con claridad abordar los problemas aquí propuestos con la finalidad de alcanzar, en verdad, una ***comunicación potente***.

- **TRANSLATION**

LINGUISTIC COMMENT ABOUT THE FUTURE OF COMMUNICATION

TOPICS INDEX:

- **FOREWORD.**

Applied linguistics analyzes the phenomenon of communication in general, using mainly three axes that are; semantics (meaning), syntactics (grammar) and pragmatics (the context of the sentence), with these tools we seriously delve into our native language, and also allow us to compare it with other living or dead languages.

The historical and evolutionary process of languages is also part of applied Linguistics, this analysis allows us to realize how the indistinct changes take place in human languages and how these changes shape and affect the thinking and psyche of the speakers or users of a mimic language for example.

For this reason, communication generates the reality of a society, for example: the Persian or Egyptian language ordered and created the reality of these ancient societies, generating their technology, their literature, their art and ultimately their world. Today we handle other languages that generate the current world that surrounds us and we know.

So, communication immerses us in a dynamic and moving signic marasmus that requires to ask all of us, mainly linguists, in what can and should future human communication derive? Something that is clear; is that it should be a more powerful communication, which generates a reality different from the current one and of course, also generates new problems.

- **Chapter 1**

INTRODUCTORY ANALYSIS TO APPLIED LINGUISTICS

The word contains a 100% meaning, for example: "femenino, fémina, femíneo". In this example the morpheme "FEM" is the kernel morpheme that contains the meaning at 100% and the suffix in this example are the morphemes "enino" for "femenino", "ina" for "fémina", "íneo" for "femíneo", respectively, these form semanteme that are essential to accurately and clearly describe each context in the sentences, and that they make sense, for example: "De género femenino", "Carla es una fémina hermosa", "la escultura tiene un rasgo femíneo".

This is important because people usually consider only their own definition and mental image of the words they know and do not take into account its meaning to 100% of the words, which is understandable, since it is impossible to think in all contexts that could have a word, but it is important to think at least in several answers to expand the mental image we have of each word, what linguists call "meaning" and the letters that make up the word itself, is what we call " significant "Many people atrophy the mental image of words and this could generate various psychopathies such as a phobia, suppose that a person has an uncontrollable phobia of spiders.

Picture one (Faberge spider) - Picture two (normal spider) - Picture three (phobia spider) respectively.

The person with the phobia in his or her mind only sees image three and does not take into account the other mental images that this word may have, and this is of utmost importance, not only for a psychologist to solve someone's phobia, but also It is important to understand from this aspect that; This limits and degenerates communication, not only in an individual, as it can also affect a society in their way of seeing the world (example; in the tradition of a people, on a specific date they kill all the snakes of their territory, since these reptiles only have, for this people, a negative connotation).

On the other hand, to broaden the perspective of a mental image and the linguistic stock of a person, you can also apply contrastive analysis with other languages, a pathetic example of this is; "Belong" which means in Spanish "Pertenecer" which is not a compound word like "belong" which is composed, worth the redundancy, of "be" (to be) and "long" (along) then in English "Belong " Is " to be along "while in Spanish "Permanecer "has more to do with" immutability. " This does not happen only in one word or another, also in the very structure of a language for example; in the sentence "how old are you?" which in Spanish is generated by saying "Cuántos años tienes tú?" But if we literally translate the question from Spanish to English, it would be "how many year do you have?" sentence that is wrong, not grammatically but it is wrong because no English speaker would generate this question since “have” as a verb “to have” in English, it is used only to “have in the hands” and since we cannot have the age in the hands is a completely wrong question done, in the same way if we literally translate the sentence from English to Spanish we would have "Cuan viejo eres tú?" and although grammatically correct, no Spanish speaker asks how old someone like this. That is why we can say that the language we use inoculates us with a way of thinking and therefore a way of seeing the world, reality. What's more; analyze various contexts, know other languages and our own in depth, broaden the way we think and generate communication, Together we can say that knowing other languages, endow the learner with a broader phonetic ability (generation of human sounds), and a more acute ability when addressing different problems, remember that humans interact with the outside thanks to; the brain, thanks to our senses, thanks to our reason that interprets our world for us, and influences the process; our language, our culture, our lineage or even the social relationships that surround us, and from all levels there are aberrations that degenerate language and thanks to the harmful culture that exists in the world those are reproduced and normalized. And although these aberrations seem to have nothing to do with: how the harmful culture in force in the world affects communication, of course this have to do with it and as a consequence these aberrations make a dent in our decadent societies, because it is also a better type Communication. If, for example, a first world individual, do not speak in a derogatory, disrespectful and prejudiced manner about a third world person. Because it is also another type of communication if, for example, in the USA they create a name in relation to their country and in this way they do not belittle or deny all Central and South Americans who are invisible and discredited thanks to this subtle attack. Because it is also another type of communication if we all discuss on equal terms and opportunities. Because we speak of another type of communication if we go beyond the most blatant power relationship that is: "The tolerant and the tolerated one." It must be made clear that the path to a different language and with the power to generate another reality, can only occur in an intelligent society, where its speakers overflow their lexical level and push their own language towards the limit of meanings that accumulate in a new communication, because only with a deep knowledge of your own language you can generate new, unpublished and important sentences in your own language and then in foreign languages that are necessary for; translate, compare, expand and interpret definitions. And all these rigorous studies invigorate and help the language from which these analyzes are generated, since reaching a new communication does not imply getting rid of today's mother tongues, but it does imply strengthening languages with specialists in different fields that generate new ideas from their native languages

- **Chapter 2**

HARMFUL CULTURE AFFECTS THE FUTURE OF COMMUNICATION Each individual is stagnant and limited to their fractional lexical level (military lexical level, medical lexical level, scientific lexical level, ordinary lexical level, etc, etc.…) and this has not changed for centuries, perhaps even thousands of years ago, and as a result, the degenerations that continue to reproduce the same problems that we have had throughout our history as humanity are noticed: psychopaths, murderers, insane, incapable poor, indolent rich, abusive elites, daring ignorant ... this decadence is the consequence from the harmful culture that reproduces this in an increasingly harmful way, and this happens because people entangle altruistic and positive meanings with other negatives, decadent and degenerate meanings, which delays us all as humanity. A great example of this is the "identity" indispensable feature for each individual (it has been proven ad nauseam that; a person is seriously affected in their identity by not knowing their father, or mother, or their place of origin, and they are urged to know this, to create in themselves an identity that, of course, make they identical to that with which they identify, worth the redundancy, and from there they build a healthy individuality for themselves, to get to feel original, unique) . For this reason, mix identity, which is a positive concept, with harmful concepts such as; regionalism, racism, xenophobia, chauvinism, perverse traditions, is when decadence becomes present, and although since the Greeks we know that words have an inherent duality or dichotomy, with their antonym for each synonym, and that neither extreme is correct, but we don´t care.

On the other hand, an aspect to take into account of harmful culture is to identify the problems of substance and form, and a great example of this is the unfair Geopolitics applied in the world, and the problem is that too much importance is given to something that only reproduces decadence, but it is impossible to avoid since it has become a necessary evil for all countries. In this example you can see the underlying problem "unfair geopolitics" and the forms that generate it, which are: the forms of governing, for example, other forms in this sense are bureaucrats without any decision-making power, also forms of chauvinism: in the institutions, in the religions, in the flags, in the borders. All these forms reproduce the harmful culture but the underlying problem is the geopolitics that is professed as indispensable because it explains that; the proven violent nature of humans, evidenced throughout our history, demands of us a police force larger than the faculty of a nation, demands of us an inordinate army, demands of us war, demands of us countries of cheap raw material so that There are countries that produce very expensive added value, it requires third-world countries so that there are other first-world countries, they demand ignorant societies for there is intemperate elitism. And although unjust geopolitics may seem indispensable, it is not, but while the system helps to support the system, trampling on the majority of people, reasonable, peaceful, and respectful. While it hapens, it wont end, and that affects communication directly, because besides everything, it demands a deficient education.

So, to clarify how harmful culture directly affects the future of human communication, it is evident that the most important thing to exceed its lexical level is education. The most important thing is that the users of a language approach, with passion and technique, indistinct background matters, indistinct substantial problems that stimulate societies towards a more generating and powerful universal communication, which allows humans to develop the most innovative topics or solve our most classic problems as a society.

- **Chapter 3**

ABOUT THE FUTURE OF COMMUNICATION.

"There are those who think that everything in the past was better, but it is not like that (EDUARDO PUNSSET)"

People have an innate ability to predict, and to emphasize this human ability, I comment on two first-hand experienced examples; the first is about a very vivid superstition for my mother, who knew this from her father and he, in turn, knew it from his grandmother, the superstition of which I speak says: "if you dream that your teeth are falling out, someone you know will die "I never gave importance to this superstition until it happened to me and it was a sad and shocking event for me. The second example is that my father sent a love letter to my mother saying that; she was pregnant with a girl and he knew it from a dream, before my mother knew it, after the letter, my mother consulted with her doctor and they verified that it was true, after nine months my sister was born. So, it is due to this collective intelligence that we can say that: the current human ability to generate communication is so primitive that it does not take into account the previous examples, nor a number of other issues that could be exploited for a more efficient communication and finally another communication.

Imagine a language that is not limited by the linear grammatical structure (past, present, future), and makes prediction such a powerful tool as to exist in a timeless way, knowing the beginning and end of their existence, for those who master this knowledge, Imagine this human stage but also understand that the most important thing is the process to reach that communication, since to get there, without a doubt, you have to attack racism for example, or the social war between rich and poor. Those would be some important steps that we take to start talking about another type of communication on the planet. and although today's society is many centuries away, I would say, of a communication of this type, we can dream, and we can also do something regarding it, imagine a city full of linguists; working as sales executives from the best companies, working as translators and interpreters of the most delicate and important topics, working as linguists behind the scenes in: cinema, TV, radio or written press. Working as political and academic consultants, working as literary critics or writers, working as experts in dead or unknown languages, working as experts or divulgator, working as teachers, working as true linguists, working as scientists.

- **Chapter 4**

RECOMMENDATIONS AND CONCLUSION:

RECOMMENDATIONS

"If you are going to speak ill of someone better, do not speak (CHINESE PHRASE)"

- Claim "applied linguistics" as the protagonist in the country's labor reality, since with the massive knowledge of this science, everyone will be able to exceed their lexical level regardless of their specialty.

- The second recommendation is about identifying substance problems not in a way, exercising this combined with neuro-linguistic programming, we could make a common factor throughout the world, and in a few centuries, putting a colossal effort into it, it would be part of human culture, speak assertively, altruistically and efficiently.

- The next recommendation is to universalize these issues and give them their due importance and of course, identify that it does not allow this change.

CONCLUSIONS

- Firstly, we conclude that the linguistic lexical level encompasses all topics and subjects, including the language problem itself. Because language not only explains itself, but also with language we explain everything we understand.
- Going towards a new communication requires ending underlying problems, for example; with the unjust geopolitics of today, with its economic and cultural hegemony, to give way to a more human universality, without corruption and with another language.

- To hold the hope that the youth people will notice these deficiencies and demand to clearly address the problems proposed here in order to achieve, indeed, a powerful communication.

- **TRADUZIONE**

COMMENTO LINGUISTICO SUL FUTURO DELLA COMUNICAZIONE.

INDICE DEGLI ARGOMENTI:

PREFAZIONE.

La linguistica applicata analizza il fenomeno della comunicazione in generale, utilizzando principalmente tre assi che sono; semantica (significato), sintattica (grammatica) e pragmatica (il contesto del messaggio), con questi strumenti approfondiamo seriamente la nostra lingua madre, e ci permettono anche di confrontarla con altre lingue vive o morte.

Anche il processo storico ed evolutivo delle lingue fa parte della Linguistica applicata, questa analisi ci permette di capire come avvengono i cambiamenti indistinti nei linguaggi umani e come questi cambiamenti modellano e influenzano il pensiero e la psiche dei parlanti o utenti di un linguaggio mimico per esempio.

Per questo motivo la comunicazione genera la realtà di una società, per esempio: la lingua persiana o egiziana ha ordinato e creato la realtà di queste società antiche, generando la loro tecnologia, la loro letteratura, la loro arte e infine il loro mondo. Oggi gestiamo altre lingue e lingue che generano il mondo attuale che ci circonda e che conosciamo.

Quindi la comunicazione ci immerge in un pantano segnico dinamico e commovente che ci impone di chiederci a tutti noi, principalmente linguisti, in cosa può e dovrebbe derivare la futura comunicazione umana? Qualcosa di chiaro; è che dovrebbe essere una comunicazione più potente, che genera una realtà diversa da quella attuale e, naturalmente, genera anche nuovi problemi.

- **Capitolo 1**

ANALISI INTRODUTTIVA ALLA LINGUISTICA APPLICATA

La parola contiene un significato al 100%, ad esempio: femenino, fémina, femíneo. In questo esempio il morfema "FEM" è il morfema di grano che contiene il significato al 100% e i suffissi in questo esempio sono i morfemi "enino" per il femenino, "ina" per il fémina, "íneo" per il femíneo, rispettivamente, questi formano semantemi che sono essenziali per descrivere in modo preciso e chiaro ogni contesto nelle frasi, e che hanno un senso, ad esempio: "De género femenino", "Carla es una fémina hermosa", "la escultura tiene un rasgo femíneo". Questo è importante perché le persone di solito considerano solo la propria definizione e immagine mentale delle parole che conoscono e non tengono conto del significato al 100% delle parole stesse, il che è comprensibile, poiché è impossibile pensare in tutti i contesti che potrebbero avere una parola, Ma è importante pensare almeno in più risposte per espandere l'immagine mentale che abbiamo di ogni parola, ciò che i linguisti chiamano "significato" e le lettere che compongono la parola stessa, è ciò che chiamiamo "significativo". Molte persone atrofizzano l'immagine mentale delle parole e questo potrebbe generare varie psicopatie come una fobia, supponiamo che una persona abbia una fobia incontrollabile dei ragni.

Immagine uno (ragno Fabergé) - Immagine due (ragno normale) - Immagine tre (ragno fobia) rispettivamente

La persona con la fobia nella sua mente vede solo l'immagine tre e non tiene conto delle altre immagini mentali che questa parola può avere, e questo è della massima importanza, non solo per uno psicologo per risolvere la fobia di qualcuno, ma anche È importante capire da questo aspetto che; Questo limita e degenera la comunicazione, non solo in un individuo, in quanto può influenzare anche una società nel suo modo di vedere il mondo (esempio; nella tradizione di un popolo, in una determinata data si uccidono tutti i serpenti del proprio territorio , poiché questi rettili hanno solo, per questo popolo, una connotazione negativa). D'altra parte, per ampliare la prospettiva di un'immagine mentale e del patrimonio linguistico di una persona, si può applicare anche l'analisi contrastiva con altre lingue, ne è un esempio patetico; "Belong" che significa in spagnolo "rimanere" che non è una parola composta come "belong" che è composta, vale la ridondanza, da "be" (to be) e "long" (along) quindi in inglese "to stay" È" essere lungo "mentre in spagnolo" rimanere "ha più a che fare con" l'immutabilità ". Questo non avviene solo in una parola o nell'altra, anche nella struttura stessa di una lingua per esempio; nella frase "quanti anni hai?" che in spagnolo si genera dicendo ¿Cuántos años tienes?" Ma se traduciamo letteralmente la domanda dallo spagnolo all'inglese, sarebbe "How many years do you have?" frase che non è corretta, non grammaticalmente ma è sbagliata perché nessun anglofono genererebbe questa domanda poiché "have" come verbo "have" in inglese, Si usa solo per "tenere nelle mani" e siccome non possiamo avere l'età nelle mani è una domanda completamente sbagliata, allo stesso modo se traduciamo letteralmente la frase dall'inglese allo spagnolo avremmo "Cuan viejo eres tú?" e sebbene grammaticalmente corretto, nessuno che parla spagnolo chiede quanti anni ha qualcuno. Per questo possiamo dire che il linguaggio che usiamo ci inocula un modo di pensare e quindi un modo di vedere il mondo, la realtà. Cosa c'è di più; analizzare vari contesti, conoscere a fondo altre lingue e la nostra, ampliare il modo in cui pensiamo e generare comunicazione, insieme possiamo dire che conoscere altre lingue e lingue conferisce allo studente una capacità fonetica più ampia (generazione dei suoni umani) e una maggiore abilità nell'affrontare diversi problemi, ricorda che gli umani si relazionano con l'esterno grazie a; il cervello, grazie ai nostri sensi, grazie alla nostra ragione che interpreta il nostro mondo per noi, e ne influenza il processo; la nostra lingua, la nostra cultura, il nostro lignaggio o anche le relazioni sociali che ci circondano, e da tutti i livelli ci sono aberrazioni che degenerano la comunicazione e grazie alla cultura dannosa che esiste nel mondo si riproducono e si normalizzano.

E sebbene queste aberrazioni sembrino non avere nulla a che fare con: come la cultura dannosa in vigore nel mondo influisce sulla comunicazione, ovviamente hanno a che fare con esso e di conseguenza queste aberrazioni intaccano le nostre società decadenti, perché è anche un tipo migliore Comunicazione. Se, ad esempio, un individuo del primo mondo, non parlare in modo dispregiativo, irrispettoso e prevenuto di una persona del terzo mondo. Perché è anche un altro tipo di comunicazione se, ad esempio, negli USA creano un nome in relazione al loro Paese e in questo modo non sminuiscono o smentiscono tutti i centro e sudamericani che sono invisibili e screditati grazie a questa sottile attacco. Perché è anche un altro tipo di comunicazione se discutiamo tutti alla pari e di opportunità. Perché parliamo di un altro tipo di comunicazione se andiamo oltre il rapporto di potere più sfacciato che è: "Del tollerante e del tollerato". Va chiarito che il cammino verso una lingua diversa e con il potere di generare un'altra realtà, può avvenire solo in una società intelligente, dove i suoi parlanti traboccano il loro livello lessicale e spingono la propria lingua verso il limite dei significati che portano a un nuova comunicazione, perché solo con una profonda conoscenza della propria lingua si possono generare frasi nuove, inedite e importanti nella propria lingua e quindi nelle lingue straniere per le quali sono necessarie; tradurre, confrontare, espandere e interpretare le definizioni. E tutti questi studi rigorosi rinvigoriscono e aiutano il linguaggio da cui vengono generate queste analisi,

- Capitolo 2

LA CULTURA DANNOSA INFLUENZA IL FUTURO DELLA COMUNICAZIONE

Un grande esempio di ciò è la caratteristica indispensabile "identità" per ogni individuo (è stato dimostrato fino alla nausea che; una persona è gravemente colpita nella sua identità dal non conoscere il padre, o la madre, o il loro luogo di origine, ed è sollecitato a conoscerlo, a crearsi in sé un'identità che, ovviamente, lo renda identico a quello con cui si identifica, meriti la ridondanza, e da lì costruisca per sé una sana individualità, per arrivare a sentirsi originale, unico). Per questo, mescola l'identità, che è un concetto positivo, con concetti dannosi come; regionalismo, razzismo, xenofobia, sciovinismo, tradizioni perverse, è quando la decadenza diventa presente, e sebbene dai greci sappiamo che le parole hanno una dualità intrinseca, con il loro contrario per ogni sinonimo, e che nessuno dei due estremi è buono, piuttosto la cosa saggia è l'equanimità, l'equilibrio, ma non applichiamo nulla di tutto ciò, non gli diamo la giusta importanza, né meditiamo su questa conoscenza. D'altra parte, un aspetto da tenere in considerazione della cultura nociva è individuare i problemi di sostanza e forma, e un grande esempio di ciò è la Geopolitica ingiusta applicata nel mondo, e il problema è che si dà troppa importanza a qualcosa che riproduce solo la decadenza, ma è impossibile evitarlo poiché è diventato un male necessario per tutti i paesi. In questo esempio puoi vedere il problema di fondo "geopolitica sleale" e le forme che la generano, che sono: le forme di governo, ad esempio, altre forme in questo senso sono burocrati senza alcun potere decisionale, anche forme di sciovinismo: nelle istituzioni, nelle religioni, nelle bandiere, alle frontiere. Tutte queste forme riproducono la cultura dannosa ma il problema di fondo è la geopolitica che si professa indispensabile perché la spiega; la comprovata natura violenta degli esseri umani, evidenziata nel corso della nostra storia, ci chiede una forza di polizia più grande della facoltà di una nazione, ci chiede un esercito disordinato, ci chiede la guerra, ci chiede paesi di materie prime a buon mercato in modo che ci siano paesi che producono un valore aggiunto molto costoso, richiede paesi del terzo mondo perché ci siano altri paesi del primo mondo, richiedono società ignoranti perché ci sia un elitarismo intemperante. E sebbene la geopolitica ingiusta possa sembrare indispensabile, non lo è, ma finché il sistema aiuta a sostenere il sistema, calpestando la maggioranza delle persone, ragionevole, pacifico, rispettoso.

Quindi, per chiarire come la cultura dannosa influisca direttamente sul futuro della comunicazione umana, è chiaro che la cosa più importante per superare il suo livello lessicale è l'educazione. La cosa più importante è che gli utenti di un linguaggio si avvicinino, con passione e tecnica, a questioni di fondo indistinte, problemi sostanziali indistinti che stimolino le società verso una comunicazione universale più generatrice e potente, che permetta agli esseri umani di sviluppare gli argomenti più innovativi o di risolvere i nostri più problemi classici come società.

- **capitolo 3**

DEL FUTURO DELLA COMUNICAZIONE.

"C'è chi pensa che in passato fosse tutto meglio, ma non è così (EDUARDO PUNSSET)"

Le persone hanno una capacità innata di predire, e per enfatizzare questa capacità umana, commento due esempi sperimentati di prima mano; la prima riguarda una superstizione molto viva per mia madre, che conosceva questa cabala da suo padre e lui, a sua volta, la conosceva da sua nonna, la superstizione di cui parlo dice: "se sogni che ti cadono i denti, presto qualcuno che conosci morirà "Non ho mai dato importanza a questo fino a quando non è successo a me ed è stato un evento triste e scioccante per me. Il secondo esempio è che mio padre ha inviato una lettera d'amore a mia madre dicendo questo; Era incinta di una bambina e lo sapeva da un sogno, prima che mia madre lo sapesse, dopo la lettera, mia madre si consultò con il suo medico e verificarono che era vero, dopo nove mesi nacque mia sorella.

Immagina una lingua che non sia limitata dalla struttura grammaticale lineare (passato, presente, futuro), e rendi la previsione uno strumento così potente da esistere in un modo senza tempo, conoscendo l'inizio e la fine della sua esistenza, per coloro che padroneggiano questa conoscenza , Immagina questa fase umana ma capisci anche che la cosa più importante è il processo per raggiungere quella comunicazione, poiché per arrivarci, senza dubbio, devi attaccare il razzismo per esempio, o la guerra sociale tra ricchi e poveri. Questi sarebbero alcuni passi importanti che faremo per iniziare a parlare di un altro tipo di comunicazione sul pianeta e sebbene la società odierna sia lontana molti secoli, direi, di una comunicazione di questo tipo, possiamo sognare, e anche fare qualcosa al riguardo , immagina una città piena di linguisti, lavorando come direttori commerciali per le migliori aziende, lavorando come traduttori e interpreti degli argomenti più delicati e importanti, lavorando come linguisti dietro le quinte; cinema, TV, radio o stampa scritta. Lavorare come consulenti politici e accademici, lavorare come critici letterari o scrittori, lavorare come esperti di lingue morte o sconosciute, lavorare come esperti o divulgatori, lavorare come insegnanti, lavorare come veri linguisti, lavorare come scienziati.

- **capitolo 4**

RACCOMANDAZIONI E CONCLUZIONI:

RACCOMANDAZIONI

"Se hai intenzione di parlare male di qualcuno migliore, non parlare (PROVERVIO CINESE)"

- Per rivendicare la "linguistica applicata" come protagonista nella realtà aborale del paese poiché con la conoscenza massiccia di questa scienza ognuno potrà superare il proprio livello lessicale indipendentemente dalla propria specialità.
- La seconda raccomandazione riguarda l'identificazione dei problemi di sostanza, non in un certo senso, esercitando questo combinato con la programmazione neuro-linguistica, potremmo fare un fattore comune in tutto il mondo, e in pochi secoli,

mettendoci uno sforzo colossale, sarebbe parte della cultura umana. , parla in modo assertivo, altruistico ed efficiente.

- La prossima raccomandazione è di universalizzare questi problemi e dare loro la dovuta importanza e, naturalmente, identificare che non consente questo cambiamento.

CONCLUSIONI

- Innanzitutto concludiamo che il livello lessicale linguistico comprende o copre tutti gli argomenti e le materie compreso il problema linguistico stesso. Perché il linguaggio non solo spiega se stesso, ma anche con il linguaggio spieghiamo tutto ciò che capiamo.
- Andare verso una nuova comunicazione richiede, ad esempio, di porre fine ai problemi di fondo; con la geopolitica ingiusta di oggi, con la sua egemonia economica e culturale, per far posto a un'universalità più umana, senza corruzione e con un altro linguaggio.

- Nutrire la speranza che i giovani notino queste carenze e pretendano di affrontare con chiarezza i problemi qui proposti al fine di realizzare, effettivamente, una comunicazione potente.

BIBLIOGRÁFIA

La información bibliográfica considera: **el Libro**, el Autor, el Ítems, Conclusión respectivamente.

La guía del buen estudiante. Por Carl Gardner. "el aprendizaje" Saber acerca del aprendizaje alienta nuestra propia habilidad de aprender.

Psicología para profesores de idiomas. Por Marion Williams. Psicología de la educación. Psicología cognitiva. Una visión constructivista de la educación y la enseñanza. Esencial para manejar en clase.

Siddhartha por Hesse Religión de Asia un punto de vista europeo. Puede crear el mejor yo cada día, he investigar frases antiguas y profundas.

Pasado en presente por Royer Gower. Viejo inglés. Renacimiento inglés. Después de la restauración. Renacimiento romántico. Edad victoriana. Tiempos modernos. Desarrollar algo es tenaz.

La historia de la colaboración del Inglés Oxford. La lengua común. Mayflower. Un renacimiento de las palabras. Avanza Australia. Una narración de importación de la historia inglesa.

Un comunicado de la gramática del inglés. Por Geoffrey Leech. Variedades del español. Entonación. Gramática en uso.

La Sintaxis. Por Virginia Heidinger. Sustantivos y sintagmas. Frases del verbo. Patrones de oraciones. Modalidades de la pregunta. Transformación pasiva. Análisis de la lengua. Manejo de las palabras como estructuras sintácticas.

El Cratilo de Platón. Por Platón, sobre la propiedad de los nombres.

www.ingramcontent.com/pod-product-compliance
Lightning Source LLC
LaVergne TN
LVHW052010160826
845678LV00005B/1703

9798479881718